LA
RÉPUBLIQUE
VENGERESSE

PAR

ALEXIS DUMESNIL

PARIS

LIBRAIRIE DE COMON

QUAI MALAQUAIS, 15

1848

LA
RÉPUBLIQUE
VENGERESSE

O vous dont les vœux appelaient la révolution qui vient de s'accomplir, déplorez maintenant la honte et l'aveuglement funeste de la France, sortie plus malheureuse que jamais de cette dernière épreuve. Qu'elle se lamente et prenne ses habits de deuil, car il n'y a plus pour elle que douleurs amères, que désastres et humiliations. Du moment où la ruine si prompte de la monarchie n'a été, pour ceux qui la renversaient, qu'un moyen de surpasser le gouvernement de Louis-Philippe dans ce qu'il avait de plus odieux, nous devons désormais nous attendre à tous les maux, à toutes les adversités dont le ciel châtie l'endurcissement des peuples.

Eh ! que disent, pour se justifier, ces hommes avides qui ont si indignement usurpé la puissance ? A l'exemple des traîtres qui nous gouvernaient avant eux, ils s'emportent, ils vomissent des injures contre les gens de bien, dont ils ne peuvent étouffer les justes plaintes. Ce sont des rebelles incorrigibles, des conspirateurs de profession qu'il faut perdre dans l'opinion publique. Ainsi, l'on m'accusera d'être un esprit chagrin, d'être un homme toujours mécontent, que l'on a vu passer des bastilles de Bonaparte dans les prisons de Louis XVIII, puis s'attirer encore la haine et la réprobation des serviles magistrats de Louis-Philippe. Et présentement qu'il n'y a plus de monarque en France, s'écrieront-ils, c'est à la République que cet homme s'en prend, c'est sur les propres fondateurs de la liberté que tombe sa mauvaise humeur.

Mais si tous ces gouvernements de princes, abîmés les uns sur les autres, ne sont plus actuellement que cendre et que poussière, qui donc avait tort ou de leurs stupides prôneurs ou de moi, qui les condamnais pour des crimes qu'ils ont ensuite expiés? Le reproche que vous me faites de n'être content de rien, adressez-le donc à Dieu lui-même, devant lequel il n'est aucun de vos pouvoirs corrompus qui ait depuis un demi-siècle mérité de trouver grâce.

Et pourquoi ne crierais-je pas à cette poignée d'hommes insatiables qui déshonorent la France, que le même esprit d'iniquité qui a perdu la monarchie perdra aussi la république? Pourquoi ne les accuserais-je pas de l'issue déplorable d'une révolution, qu'ils ont par de lâches instincts d'égoïsme détournée de son véritable but? Vous avez, leur dirai-je, chassé du trône le plus misérable des rois; mais qu'avez-vous fait, à votre tour, pour valoir mieux que lui? Vous avez trompé la nation, ruiné le trésor, soufflé le feu de la révolte, avili et traîné dans la fange votre propre magistrature, voilà tout ce qui restera de vous dans l'histoire.

Que, du reste, l'éclat de leur soudaine élévation ne séduise personne. Ce sont de ces prospérités que, dans sa colère, le ciel n'envoie qu'à ceux qu'il veut perdre. Vous avez porté sur l'État une main sacrilége, en disant «la République nous appartient;» et vous parliez comme des insensés, qui ne savent pas tout ce que renferme de terrible le mystérieux principe du gouvernement républicain. Non, non, il ne vous a pas été donné de comprendre la vertu secrète que Dieu a déposée dans chaque sorte de gouvernement, à vous qui ne recherchez le pouvoir que dans des vues d'intérêt, et pour qui toutes les formes sociales, comme ces différents ordres d'architecture qu'on emploie à la décoration de nos palais, ne sont qu'une affaire de goût ou de pur caprice.

Pour moi, qui rapporte à l'expresse volonté de Dieu l'avénement de la République en France, je dis que c'est l'épreuve la plus redoutable à laquelle nous puissions être soumis. La République ne tend pas seulement à épurer nos mœurs, elle a encore pour objet de nous apprendre quelle différence il y a entre la fraternité chrétienne, la seule qui soit réelle et efficace, et la fraternité illusoire de ces gens sans pudeur et sans foi, que nous venons de voir tout récemment à l'œuvre. Il fallait que l'on fût bien convaincu que tous leurs plans, que tous leurs beaux systèmes, mis à la place du christianisme, ne sont que sottises et impostures, et que cette guerre sociale à laquelle nous sommes en proie, cette guerre de principes et de doctrines sans exemple dans le monde, ne se peut terminer que par l'application de l'Évangile au gouvernement des peuples ou par la ruine totale de la France.

Hommes vains et cupides, qui désiriez si ardemment la République, ah! tremblez qu'elle ne soit pour vous la plus terrible des leçons! Craignez de rencontrer votre perte, craignez de trouver la mort où vous cherchiez la fortune et le pouvoir. Dans les États monarchiques, le prince attire les orages sur sa tête, et il finit par être la grande victime expiatoire ; mais sous la république, où chacun exerce sa part de souveraineté, ce sont les citoyens qui deviennent eux-mêmes responsables, et qui portent la peine de leurs folies et de leur perversité.

Bonaparte, Charles X, Louis-Philippe ont payé pour eux et leurs complices : qui peut maintenant acquitter notre dette, sinon nous-mêmes ? La loi est formelle, et vous n'oublierez pas que ce fut après la mort de Louis XVI, lorsqu'on eut établi le gouvernement populaire, que l'expiation devint générale. C'est que la République, dont la mission est de faire fleurir la justice, commence par châtier les nations corrompues, en mettant à nu tous les vices et forçant le méchant à devenir encore plus méchant.

Aussi, malheur à vous qui n'avez proclamé la République que dans l'espoir de donner plus de liberté à vos mauvaises pas-

sions! Malheur à vous qui vous êtes ima-
giné que l'on pouvait tromper le ciel comme
on trompait le peuple et la patrie ! A vous,
pour un moment, l'ivresse du succès, les
grandeurs, les palais, l'orgie ! Mais à vous
plus tard les malédictions, la honte et la
mort ! Que de tels hommes, poursuivis par
le remords, n'entrevoient plus que ven-
geances horribles, meurtres et assassinats,
il ne faut pas s'en étonner ; c'est le premier
châtiment que Dieu leur inflige. Mais lorsqu'ils s'écrient, à la vue d'un avenir mena-
çant, qu'on ne souffrira point le retour de
la Terreur, ils parlent comme des insensés,
qui se croient toujours plus forts qu'ils ne
sont. La Terreur viendra bien sans leur
permission, de même que la tempête s'élève
furieuse et terrible sans consulter ceux
qu'elle broie sur son passage.

Faites attention, d'ailleurs, qu'il s'agit

d'une régénération complète, et que le christianisme, que l'on tient encore renfermé dans le sanctuaire, ne saurait transformer l'ancien ordre social sans exciter les dernières convulsions du monde païen. Ne faut-il pas que la parole de Dieu détruise tout ce qui est condamné? N'a-t-elle pas pour mission de châtier le grand et le riche, qui, comme le dit saint Paul, amasse sur sa tête des trésors de colère? Dans leur profonde ignorance, beaucoup de chrétiens, vous le savez, regardent le culte idolâtre du passé comme une seconde religion ; et les dévots eux-mêmes ne paraissent avoir d'autre souci que de dérober à la marche du progrès évangélique ce qui reste de la société païenne. Mais combien est plus dangereuse encore la race politique des habiles, ces hypocrites admirateurs des idées nouvelles, qui cherchent, sous apparence de réforme, à regagner le terrain que la vieille monarchie des césars a perdu. Ennemis irréconciliables de toute saine doctrine, ils sont aidés dans leur funeste projet par une avide bourgeoisie, qui se figure que les révolutions ne sont faites que pour elle, et qui refuse obstinément de réhabiliter dans ses droits trop longtemps méconnus ce pauvre peuple qu'elle tient pour bien déshérité.

Or, c'est toujours par suite du même principe d'égoïsme que nous avons vu dernièrement encore les fondateurs de notre malheureuse république arrêter dans son essor une révolution qui ne devait avoir d'autre terme que la justice et la vérité. Ils ont pensé que ce vieux monde qui craquait sur ses fondements pouvait bien encore les porter quelques jours, et ils se sont mis à travailler pour eux-mêmes, comme des ouvriers infidèles qui trompent et volent leur maître. Mais je dirai ce que vous êtes, race de malhonnêtes gens, et ce que vous avez fait pour établir votre insolente domination. Il est un mystère d'iniquité qu'il faut que la France connaisse, trame odieuse, exécrable complot qui nous permet de voir aujourd'hui dans toute sa profondeur l'abîme effroyable qu'une corruption sans exemple a creusé sous nos pas.

Me croira-t-on lorsque je parlerai de l'alliance funeste des principaux meneurs de la République avec ce que l'on a appelé le parti-prêtre, lorsque je dirai que, grâce à cette horrible trahison, les jésuites sont aujourd'hui tout-puissants parmi nous. Rien de plus abominable sans doute, mais rien de plus vrai pourtant, que ce pacte adultère de nos plus farouches républicains avec l'hypocrite société de Jésus. Et de là aussi cette marche insidieuse d'un pouvoir condamné à vivre sous l'empire du mensonge, d'un pouvoir réduit à n'employer que de lâches et vils mercenaires ; qui ne saurait avouer ni leurs honteux services ni les ordres encore plus honteux qu'on leur donne, qui se croit sans cesse obligé de réparer une bassesse par une autre bassesse, un crime par un autre crime, et dont, il faut le dire, la folle perversité fera époque dans l'histoire même de notre corruption.

Toutefois, pour bien expliquer dans quelles circonstances a été formée cette dangereuse cabale, je veux reprendre les choses de plus haut, et remonter au temps même où Louis-Philippe environnait Paris d'une ceinture de bastilles. Vous n'avez pas oublié l'odieux concours qu'une poignée d'hommes qui se disaient les organes du parti républicain avaient donné à cette œuvre crimi-

nelle ; et, pour moi, je me rappelle très-
bien aussi la vive indignation que leur com-
plicité souleva d'abord par toute la France.
Eh bien, c'est tout juste le moment où,
dans l'espoir de retrouver la popularité
qu'ils venaient de perdre, ces faux républicains, qui ont si longtemps abusé la
France, résolurent par une double perfidie
de s'entendre avec les chefs de la faction
jésuitique, qui leur promettaient l'appui
des congrégations et de tout le parti dévot.

Dans cette déplorable alliance de quelques journalistes athées avec un sacerdoce
hypocrite, il ne s'agissait pour les uns
comme pour les autres que de mettre la
main sur le pouvoir. C'était un projet que
l'on caressait ensemble, et qui n'attendait
pour son parfait accomplissement que la
mort ou la chute de Louis-Philippe. Le
concours des révérends pères est naturelle-

ment acquis aux factieux, et il ne pouvait manquer au parti qui les recherchait alors, toujours prêts qu'ils sont à entrer dans tous les complots dont on veut bien leur ouvrir la porte. Sous l'Empire, sous la Restauration ne se mêlaient-ils pas à toutes les intrigues de cour? Les pères avaient un pied dans les conseils, et ils trouvaient encore le moyen par les Polignac et les Montmorency d'exercer une grande influence sur la noblesse de province.

Vous admirerez ici la politique savante de la société de Jésus. Comme ce que veut avant tout cette ambitieuse compagnie c'est le pouvoir, du moment que les grands seigneurs n'ont plus été de saison, elle s'est d'abord éloignée d'eux, puis elle s'en est tout à fait séparée pour arriver avec le parti bourgeois, auquel elle a donné en présent tous les jésuites de robe courte et le peuple des congrégations, c'est-à-dire une armée de plus de quarante mille hommes dans Paris seulement, tant de Saint-François-Xavier, que de Saint-Joseph et de Saint-Vincent de Paul. Car les pères savent très-bien que le prestige de la monarchie est à jamais détruit, et, en conséquence, ils acceptent la révolution et se tournent complaisamment vers la République; mais, il faut le dire, avec le dessein formé de la perdre, comme ils ont déjà perdu la royauté. Ces religieux n'ont dans le fond qu'un seul but, miner et détruire tous les gouvernements établis, pour livrer ensuite le monde à leur général.

Bien que la cabale dévouée aux jésuites ait pris la direction des affaires, on ne saurait néanmoins en conclure qu'elle ne renferme que des amis de la société. Tout le monde n'a pas voulu subir ce joug intolé-

***

rable, et c'est peut-être une des principales causes de la division qui règne parmi les chefs de la République. Je dis une des principales causes, car, en effet, bien d'autres sujets de haine et de brouilleries sont entre eux ; et s'ils ont gardé jusqu'à présent les dehors de la bonne intelligence, c'est qu'il est au fond de tout cela quelque terrible secret qui ne leur permet point de rompre ensemble.

Depuis longtemps la confraternité du crime est le grand lien de nos hommes d'État ; et comme chaque révolution nouvelle semble avoir pour objet de reculer les bornes de leur propre perversité, il ne s'agit plus que de savoir combien de temps peut vivre encore un État qui se noie dans l'infamie. Non contents d'avoir attiré la malédiction sur le trône, ils s'efforcent de rendre la République elle-même impossible. Cette France qui leur tendait les bras, on l'a livrée à l'anarchie! Ce peuple qu'ils prétendaient sauver, on l'a réduit au désespoir! L'honneur national, ils l'ont traité comme leur propre honneur; l'amour de la patrie, ils en ont fait une odieuse dérision. Lois, mœurs, institutions, tout a péri dans leurs mains; ils ont rompu les dernières digues que l'on opposait au débordement de l'iniquité, et nous nageons maintenant en pleine dissolution.

Ah! ne me parlez pas du feint respect de ces gens-là pour notre religion; ils n'y voient qu'un mensonge à leur usage, qu'un moyen sûr et facile de tromper la multitude. Les principes qu'ils se sont faits ne sont point, croyez-moi, de ceux qui obligent à de plus grands sacrifices. Au lieu de cette sainte loi de Jésus-Christ, qui s'accorde si bien avec l'austérité des mœurs républicaines ; ce qu'ils veulent c'est une dévotion de pure apparence; c'est le christianisme corrompu, tel que nous le tenons des États monarchiques, dont il a été l'opprobre et la ruine. Voilà par quelle grossière imposture tant de gens aujourd'hui à la tête du gouvernement républicain ont acquis le renom de bons et fervents catholiques; et de là vient aussi ce pacte sacrilége qu'ils ont scellé avec tous les valets tonsurés de l'ancienne cour, avec tous les fanatiques missionnaires de la Restauration, qui se tuent maintenant à faire des acclamations à la liberté d'une voix capable de réveiller les échos de la Saint-Barthélemy.

Naguère encore vous eussiez vu ces prêtres avilis prêcher le respect des richesses et des grandeurs, louer et célébrer tous les priviléges, toutes les vanités de ce monde; et c'est présentement à qui d'entre eux se glorifiera de servir un Dieu ami du pauvre, un Dieu qui a voulu lui-même enseigner aux hommes le dogme jusqu'alors inconnu de la fraternité. Que fallait-il donc pour opérer ce notable changement, pour forcer le corps des ecclésiastiques, abbés ou prélats, à reconnaître une vérité qu'ils tenaient si soigneusement cachée sous le boisseau ? Ah ! ce n'est point à nos saintes croyances que vous obéissez, race hypocrite, mais à une révolution qui remplit votre cœur d'épouvante, et vous porte, comme malgré vous, à confesser la vraie foi de Jésus-Christ. Étrange justice que la vôtre, qui ne vous décide à marcher dans la droite voie, que parce que l'abîme est des deux côtés !

Et l'on a pu confier à de pareilles gens le sort de la République ! et l'on a pu s'entendre et faire alliance avec un sacerdoce

dégénéré, qui couvre de sa honteuse protection tous les faiseurs de bastilles, tous les
mitrailleurs de peuples, tous les voleurs de
suffrages et de deniers publics! Hélas! ce
n'est pas sans raison que le crucifix des jésuites a les bras ouverts pour tout le monde.
Qui ne sait, en effet, que l'État est déjà
cerné par les plus lâches courtisans du
dernier règne, par cette bande de malfai-
teurs rentrés en grâce, qui conspirent ef-
frontément leur retour au pouvoir? Et c'est
tout juste sur la facilité qu'ils ont à réussir,
que nous devons calculer les chances de
notre ruine. Elle est certaine pour peu que
la France persiste dans son fol aveuglement, pour peu qu'elle continue à attendre
le remède de ceux-là mêmes qui ont fait le
mal. Crions donc de toutes nos forces à ce
peuple toujours dupe et toujours malheu-
reux, que l'avenir est gros de trahisons, et

plus gros encore de châtiments. Crions-lui bien haut que l'État est en péril de mort, que la société tout entière succombera si l'on ne se débarrasse promptement de l'essaim formidable de traîtres et d'aventuriers qui nous assiégent. Par ce temps d'épreuves les événements marchent vite; toute dette est bientôt payée, toute œuvre a bientôt reçu son salaire; car il y a dans la république un principe de briève justice qui participe essentiellement de la vengeance divine.

Un seul moyen vous reste pour conjurer la tempête. Que la France soit gouvernée par des hommes modestes, par des hommes simples et droits, qui fassent une application sincère du christianisme, et mettent d'accord vos institutions avec vos croyances. Faut-il s'étonner qu'un long enseignement porte enfin son fruit, et que cet évangile qu'on prêche depuis dix-huit cents ans aux nations chrétiennes, cet évangile qui est devenu comme l'âme de leur civilisation, les entraîne vers un ordre social nouveau? Telle est la cause secrète de l'anarchie qui règne aujourd'hui dans le monde, et à laquelle il est impossible d'assigner un terme, tant qu'on laissera subsister deux principes contraires où il ne doit y en avoir qu'un seul et même. Et je dis plus, je dis que vous périrez comme nation, si vous n'entrez dans les voies d'une fraternité pratique et réelle, si vous ne vous faites chrétiens comme l'ont été les apôtres et les premiers fidèles, dans toute la droiture de votre cœur, et non à la manière de cette génération hypocrite, dont la foi stérile s'arrête aux petites dévotions et aux vaines cérémonies du culte.

On sait ce que deviennent les peuples qui

sont sortis de la route du devoir; ils se laissent emporter à tous les vices, à toutes les extravagances, et courent comme des insensés à leur destruction. O France, arrête un moment tes regards sur l'avenir, et prends pitié de toi-même. Jamais les signes d'une ruine prochaine furent-ils plus frappants? jamais le ciel se montra-t-il plus irrité? Mais le moyen de guérir tant d'obstination? Que dire à des hommes qui ont vingt-cinq pieds de boue par-dessus la tête, et ne paraissent pas s'en douter? à des hommes qui croupissent au fond d'un cloaque impur, et se croient sur le sommet d'une riante colline; qui voient aiguiser sous leurs yeux les couteaux du sacrifice, et payent des joueurs de flûte pour les endormir?

Quel aveuglement fut jamais pareil au nôtre! Eh quoi, de vils espions sont élevés aux premières dignités, de lâches serviteurs du despotisme sont chargés de défendre les droits du peuple; et l'abus qu'ils ont fait du pouvoir, l'habileté qu'ils ont montrée dans de sales et honteuses affaires, voilà précisément ce qui les met en recommandation. Qu'un insolent ministre de Louis-Philippe ose reparaître sur la scène à la faveur de son criminel savoir-faire, aussitôt il devient l'homme essentiel, l'homme indispensable dont chacun prétend à l'envi doter la République. Qu'un banquier d'équivoque vertu, fort de quelque adroite faillite, s'offre bravement à servir l'État, et sur-le-champ on lui donne la clef du trésor, on le prie de veiller à nos finances. Qu'un écrivain sans vergogne, servile apologiste de tous les rois, misérable corrupteur du théâtre et des mœurs, cherche dans la démocratie quelque nouveau débouché pour son orgueil : soyez le bien-venu, lui dira-t-on; allez maintenant nous faire des lois, grand citoyen. Qu'un prêtre mal famé, dès long-temps expert dans les turpitudes de sacristie, retourne en l'honneur de la liberté les basses flatteries qu'il adressait aux rois, et ce sera d'abord sur les conseils de cet ancien prédicateur de ruelles que l'on comptera pour sauver la République. Et combien d'autres noms chers à la patrie me reviendraient en mémoire, si je voulais faire connaître tous les dépositaires infidèles de la confiance du peuple, tous les fripons qui tiennent aujourd'hui le haut bout de la politique!

Ainsi, vous le voyez, ce sont encore les mêmes instruments de servitude qui se jettent à la traverse pour nous enlever le bienfait d'une régénération si longtemps attendue. Ce sont les mêmes ennemis de la lumière qui se chargent de l'éteindre de leurs mains parricides. Ils ont toujours le même crédit, la même autorité; et dans le respect que l'on a pour eux, pour leurs mensonges, pour leur hypocrisie, réside, à proprement parler, cet ordre social si fameux, contre lequel nul ne peut élever la voix sans passer pour un anarchiste. La nouvelle épreuve ne saurait être de longue durée, sans doute; mais telle est la stupidité de ces faux républicains devenus nos maîtres, qu'ils ne paraissent même pas avoir songé que la république pourrait bien être un avertissement que Dieu les allait visiter dans sa colère. Ah! qu'ils s'en prennent à eux-mêmes si des flots de sang coulent encore, et si la révolution, rendue furieuse par les obstacles qu'elle rencontre, demande à la force brutale ce qu'on devait attendre des seuls principes d'équité.

Au surplus, comptez qu'il n'y a que de grands désastres, et les dernières angoisses peut-être, qui puissent mettre un terme au délire de votre corruption. Jusque-là tout se passera comme à l'ordinaire; le vol et le brigandage iront tête levée, les emplois ne seront recherchés que pour ce qu'ils rapportent, les gros traitements continueront à dévorer la substance du peuple. On ne se contentera point du poste le plus honorable, et tel homme qui vivait fort à l'aise avec une place, en voudra quatre ou cinq à son choix. Le gouvernement, qui doit sans cesse réprimer les abus, fera lui-même plus de mal que de bien, et donnera les plus mauvais exemples, tant il a perdu le sens moral et la droite raison. A ce magistrat dont les malversations crient vengeance, on lui ôtera sa charge pour lui en donner une meilleure. A ce prêtre obligé de fuir la colère des fidèles dont il déshonorait les jeunes enfants, on lui ordonnera d'aller ailleurs bénir et confesser ; ce qui veut dire qu'on l'enverra profaner une autre église et corrompre un autre troupeau.

Et vous avez pu croire, hommes abominables, qu'il ne tenait qu'à vous de faire une république à votre image, digne fruit du monde païen et digne héritière de la monarchie de Louis-Philippe ! Et vous avez pu vous imaginer qu'il ne s'agissait que d'une révolution politique, de quelque changement de forme, dans un État où tant de crimes sont le train ordinaire de la vie, et que les choses allaient enfin reprendre leur cours à la grande satisfaction de tous les défenseurs de ce que vous appelez bon ordre et paix publique. Non, non, c'en est fait de votre ancienne société, c'en est fait de ce vieux monde qui tremble et s'affaisse. Encore quelques jours, et vous serez tous écrasés sous ses ruines fumantes.

Mais déjà on n'en est plus aux menaces, aux avertissements, et à l'heure que j'écris commence pour nous la terrible réalité. N'entendez-vous pas le son lugubre du tocsin, les continuelles décharges de mousqueterie, et le canon qui tonne à coups redoublés? De tous côtés on donne et l'on reçoit la mort, et cette tuerie continuera quatre mortelles journées sans que la rage des combattants s'apaise un moment. Hélas! c'est encore un holocauste en l'honneur de la politique païenne, c'est encore une bataille livrée pour défendre les folies et les mensonges de l'ancien ordre social contre ceux qui ont le tort, je ne dirai pas de le haïr, mais de l'attaquer de vive force. Cruelle et déplorable leçon, que rendront encore inutile la dureté de cœur et le froid égoïsme d'une société vermoulue. Cette génération a mis sa confiance dans le glaive, elle le préfère à l'esprit de vérité, qui donne paix et bonheur ; eh bien, qu'elle coure à de nouvelles batailles, qu'elle se livre à toutes les fureurs de la guerre civile, jusqu'à ce que l'édifice de ses mauvaises passions périsse submergé dans des flots de sang !

Qu'est devenue, ô France, la race héroïque de ces vertueux citoyens qui se dévouaient au salut de l'humanité ? Que sont devenus les généreux apôtres de cette régénération chrétienne qui nous a été si solennellement promise ? Ah ! s'il se trouve encore des hommes sincères, qu'ils se mettent donc à l'œuvre, car le temps presse. Le gouvernement, qui depuis longtemps avait déjà perdu toute force morale, en est maintenant arrivé à ce point de ne pouvoir plus gouverner que les armes à la main.

Pour faire vivre encore quelques jours ce vieux monde agonisant, Louis-Philippe environnait Paris de murailles et de citadelles; et voilà que le gouvernement républicain, resserrant à son tour le cercle de la défense, met l'Assemblée nationale elle-même sous la protection d'une batterie de canons. Ouvrez donc les yeux, vous qui ne voyez pas que la vie sociale, prête à s'éteindre, n'a plus que le souffle. Ouvrez donc les yeux, vous qui prétendez éterniser un ordre de choses que l'on a déjà forcé dans ses derniers retranchements.

Mais souvenez-vous que l'édifice du mensonge une fois détruit, il n'y a de salut que dans l'accomplissement de la parole de vérité. Hommes de bien, qui voulez continuer l'œuvre sainte de la rédemption, faites droit à ceux qui vous disent que la richesse ne peut être le patrimoine de quelques familles, que le vêtement et la nourriture ne sauraient être un privilége. Ne payez plus le peuple de belles paroles, mais prouvez-lui que vous êtes des serviteurs fidèles. Capter ses suffrages et voler son argent, voilà ce que font les habiles ; mais ce ne sera pas votre manière de gouverner. Vous vous conduirez avec modestie, vous aimerez la justice, et vos devoirs seront faciles à remplir.

Vœux inutiles ! Depuis le plus petit jusqu'au plus grand la mauvaise foi nous tue, et l'État périra faute de probité. Que la race des honnêtes gens manque tout à fait, ou que l'on ne veuille plus d'eux au pouvoir, n'est-ce donc pas la même chose pour le résultat ? Apprenez d'ailleurs que cette nouvelle épreuve est décisive, et que si vous ne sortez sur-le-champ de vos anciennes voies d'égoïsme et d'hypocrisie, la République, servant à son tour la vengeance divine, finira par devenir votre plus cruel châtiment. Et ce ne sera pas à la République qu'il faudra s'en prendre, car c'est la dernière planche de salut que le ciel vous envoie dans l'abîme de votre corruption, mais à ceux qui ne se seraient emparés du pouvoir que pour satisfaire leur orgueil, et porter le dernier coup à la conscience publique.

FIN.

IMPRIMERIE CLAYE ET TAILLEFER,
rue Saint-Benoît, 7.

www.ingramcontent.com/pod-product-compliance
Lightning Source LLC
Chambersburg PA
CBHW061726060726
47597CB00006B/2594